ROMEON
VERLAG

Im Rosenblütenregen der Hoffnung

1. Auflage, erschienen 6-2022

Umschlaggestaltung: Romeon Verlag
Text: Ella von Griener
Layout: Romeon Verlag

ISBN: 978-3-96229-279-9

www.romeon-verlag.de

Bibliografische Information der Deutschen Nationalbibliothek:
Die Deutsche Nationalbibliothek verzeichnet diese Publikation in der Deutschen Nationalbibliografie; detaillierte bibliografische Daten sind im Internet über *http://dnb.dnb.de* abrufbar.

Ella von Griener

Im Rosenblütenregen der Hoffnung

Inhalt

Vorwort

Ich finde mich
und sehe dich.
Durch den, der in mir
ist …
Das Vermissen bleibt …
Auch die Tränen, die ich
weinte in mancher Nacht.
Noch in meinem Herzen …
Als ich hab an dich
gedacht.
Und diese Liebe, die sich
mir offenbarte …
Und die Stille … in der wohnt der klare Geist …
Und das stille Sehnen nach dir,
das wohl für immer bleibt …
Und das Wünschen meiner,
dass du laufest auf rotem,
schönen Rosenblütenregen.
Auch im finsteren Tal,
und er dich segnet, dich
behütet und beschützt
an jedem neuen Tag
mit seiner Engelsschar …

Flaschengrün

Flaschengrün,
Sommerwind und Tränen.
Blasser Himmel
nach Regenluft.

Ein so fades Gefühl,
Beschlich sie
an einem Spätsommertag.
Als sie weinte Tränen,
dort unten am Fluss.

Die Tränen des Vermissens
und des Schmerzes wie einst.
Die Liebe offenbarte sich
zur Mittagszeit …

Du, mein Seelenpartner.
Vorerst nicht mit dir vereint.
Ohne jemals die Liebe zu stillen …
Vielleicht …?

Ich fliege ...

Ich fliege über den Schatten.
Ich tauche ein in den blauen
kristallklaren Ozean.

Ich träume im Meeressand,
von Blumen, die einst werden blühen
im Wüstensand.

Die Mohnblumenpracht

Ach … du schönste Mohnblume mein …
Du leuchtend, zartrote Pracht.
Wie du dich wiegst.

Im lieblichen, leichten Windeshauch.
So wunderschön, fast anmutig
stehst du da am Wege …
im Junisonnenschein.

Ich hielt inne,
als ich dich sah …
Und träumte dabei, bei der
Sonntagsschlenderei …

Nur ein Hauch von Vision

Die Schneeflocken so zart … schwebend
in der Luft … an einem
Wintertag.
Die sich sanft ließen nieder.

Auf den Fachwerkhäusern
in dieser Stadt.
Es roch nach Glühwein
vom Weihnachtsmarkte her.

Ich inhalierte die Winterluft …
dort am Ende der Stadt.

Stand einfach so da …
und ich verstand.
Verstand so vieles …
in der Vorweihnachtszeit.
Und träumte gar von weißer,
schöner Winternacht ...
wie damals daheim.

Das Abendkonzert der Vögel

Drei Raben krächzten
auf einem Baume.
Ein Uhu kauzte munter
Uhu …

Die Vögel, die Amsel
und die Meise sangen
in schönster Melodie dazu …

Auch Frau Nachtigall …
und Herr Specht,
der da hämmerte unter
dem Baumgeäst.

Er stimmte in das
Abendkonzert mit ein.
Und du und ich umarmend,
am See im Kerzenschein.

Der Freitag

Es war Freitag.
An einem Freitag …
Freitag …
den 13. September.

Es war kein Aberglaube
kein Fluch …

Nur ein Tanzen auf noch
dünnerem Eis …
Des Lernens wegen wieder.
Und Gnade und Segen zugleich.

Mein Liebster

Ich träumte gar ein
Träumelein …im Abendsonnenschein.
Von meinem Liebsten …
daheim.

Den ich ließ einst allein.
Bei dem Gedanken daran,
schmerzte es mir,
in der Brust.

Mein Liebster, verzeih
und gib mir einen Kuss …
Oder zwei.
Ach Liebster, Liebster mein,
nimm meine Hand …

Ich verspreche dir,
ich verzeihe dir …
was du mir hast
je angetan.

Blue Pearl

Ein Hauch von Melancholie
erhob sich und verflüchtigte sich,
da in gut bewachtem,
schutzlosem Raum.

Ganz ungefragt, hinter
buntem Fensterglas.
Ja es war fatal … perfide fast.
Wie ein Gefängnis im
„Hochsicherheitstrakt“.

Von ihr nicht so gewählt,
in den einst lichternden Gemächern
und es tat so weh.

Mein Ja … mein Nein …
Sich vermischend immer wieder …
meine müden Glieder verharrend …
im lautlosen Gebet immer wieder.

Die Wolfsprinzessin

Du hast dich
gut getarnt …
Als meine Freundin.

Doch List und Neid
nur in deinem Ätherleib.

Deine Augen sagten es mir.
Mein Herz schrie es
immer wieder,
doch hörte ich es nicht …

Der Völlerei
warst du ergeben …
doch fühlte ich
deinen lautlosen, stillen Schrei
nach Liebe … wie fatal.

Ich war dir einerlei, dir egal.
Dein finsterer Blick
in meinen, lichten, schönen Gemächern.
Du neidest mir auch mein Brot.
Und jeden lieben Blick.
Falscher Tod.

Kostbare Tage

Die Tage, die mir
noch bleiben …
Werden zu Jahren werden.
Denn totgesagte Menschen
leben länger.

Noch Überwintern,
doch naht schon der Mai.
Der alles macht neu.

Am majestätischen,
menschenleeren, tristen Platze …
dort am Flusse.
In grauer Stadt …
Es ist wie ein Schlüpfen,
aus einem Kokon
dann an einem Frühlingstag.

Ein wunderschöner Schmetterling
Entpuppte sich wirklich da …
Der zuvor
eine Raupe war.

Der Herr Fuchs

Der Herr Fuchs ein gar
listiges Tier.
Genierte sich nicht.

Sich öffentlich der
Liebe zu bekennen …
zu Frau Fux …
die keine Füchsin war.

Frau Fux saß zuvor
in bunter Blätterschar.
Sie verweilte dort von Zeit
zu Zeit.

Sie aß gelegentlich
die verbotenen Früchte
des Baumes vom Felde …
Dann und wann …
Bis der Herr Fuchs dann kam.

Die Schlange ...

Eine dicke, fette
Schlange kroch auf
sandigem Boden.
Nur um die Frau Fux
zu holen.

Als sie gerade auf
dem Felde, die Früchte
des Baumes aß.

Frau Fux sah die
dicke, fette zischende
Schlange mit gelb-
grünen Augen gar.

Sie erschrak so fürchterlich.
Doch der Bär
aus dem fernen Lande,
der gerade
beim Imker im Nachbarsgarten war ...
Um den Honig zu naschen,
als der Imker nicht im Hause war.

Er eilte zu Frau Fux.
Verscheuchte die Schlange
und auch den Herrn Fuchs.

Dann nahm er die Frau Fux an die Hand
und gab ihr
einen Honigbärenkuss.

In seinem Kopf

In seinem Kopf noch Unrat,
aus vergangenen Tagen …
Sein Äther verunreinigt
noch …

Seine Seele so betrunken,
doch nicht vom Wein.
Sein Geiste betrübt von
seinem Unheilsschein.

Emotionen über Emotionen
an einem Morgen am
Spätsommertag …
Jedoch fühle er …
dass dies kein Zustand sei …
wie sonderbar.

So viele Tränen

So viele Tränen …
Ein so bitteres Gesicht …
das einst so lieblich war …

Müde zu müde für den
Aufbruch in ihre Wahlhauptstadt …
der jedoch nahte …
von Tag zu Tag.

Der neue Tag (so anders)

Der leuchtende Halbmond
erschien mir gar,
in seltsamer Spiegelung.
Hinter meinem Fenster …
in sternenklarer Nacht.

Er verwandelte sich
zum blassen Sichelmond,
als der Tag brach herein.
Nach kalter Winternacht.

In der es mich fröstelte.
Doch lotste mich die
sonderbare Verfärbung
in den Tag …
Und mein Geist so rein und klar.

Ach ... ach

Ach … ach was …?!
Ach … die Liebe … ja!
Der neuen Liebe wegen,
wieder im Auf und Ab.

Bewegend, einreißend, aufbauend.
Ja … ja. Deine Schmetterlinge
zogen weiter ihre Kreise,
auf liebliche Weise …

Ohne den Zutritt jedoch in meinem
Äther … nur der Liebe wegen.
Im Auf und Ab …
Bewegend, einreißend.
Aufbauend ja,
wie es immer war.

Barfuß im Sommerregen

Ach, wie gerne säße ich
jetzt barfuß … auf sattem,
grünen Grase im Sommerregen.

Wie gerne würde ich deine Hände …
berühren
mein Liebster.
Sanft küssen deine Augen,
nicht nur zur Sommersonnenwende.

Der Abschied von Dir,
Unbekannter, Liebster,
fällt mir nicht schwer.

Weil ich dich nie wirklich sah.
Existent warst du nur in
meinen Träumen,
barfuß da im Sommergras.

Hinter der schwarzen Ficht

Mein Liebster du …
Da hinter der schwarzen Ficht.
Warum bist du so wortlos?
Hörst du mich nicht?
Ich möchte zu dir schreiten.

Doch sehe ich dich nicht.
Dunkel umgibt diese Ficht.
Im grünen Tale ist sie
immer mehr ergraut.

Es graust mir,
Es ist wie in einem schlechten
Traum …
Ich fürchte mich …

Hier sind so große,
schwarze Zwerge,
so sonderbares Getier …
die mir den Weg,
versperren zu dir.

Ich sehe keinen Stern

Ich sehe keinen Stern
am nachtblauen Himmel.
Nur der leuchtende, kalte Vollmond
weist mir noch etwas versunken
den steinigen Weg …
in dieser Nacht.

Seit langem kreisten
finstere Dämonen
um meine Ätherbahn.
Meine Augen so müde,
so leer.

Ich fühlte mich nie allein …
nur einsam … an manchem Tag.
Auch in dieser, kalten
Winternacht …
weil du mir hast
an einem Tag
diese Ungeister gebracht.

Die Morgenröte

Als die Morgenröte erwachte
aus ihrem Schlaf.
An einem Junitag …

Bedeckte zarter Morgentau
eine lieblich duftende Rose.
Die neben einem Grabstein…

auf einem Friedhof,
der gefallenen Sowjetsoldaten stand,
der nicht der ihre war.

Als dieser Morgen brach herein …
Verwandelte sich der zarte Morgentau
dieser lieblich duftenden
Rose in Liebesperlenregen –
wie durch Zauberei.

Durch ihre zarten Tränen,
die zuvor ihre Augen benetzten …
denn sie war einsam
und allein.

Du ... Schönheit

Als er den roten Mohn,
dort auf dem Felde sah.
Erblickte er eine Schönheit gar
mit langem, blondem, glitzerndem
Haar.

Mit weißem Hute,
und einem Sonnenschirmchen
mit weißer Spitze …
Perlenbesetzt,
so fein.

Sie lief dort durch die Mohnblumenpracht,
mit aufgespanntem Schirmchen
und einem Hute gar …
Barfuß im schönen Kleide
auf dem Felde da …

In Zeitraffer

Wie in Zeitraffer der Zeit,
nur vom Gefühl her,
War es so, als würde er
innerlich verbluten, ohne wirklich
zu bluten.

Zu verbluten wäre ja auch fatal ...
Von Ferne hörte er ein
Kinderlachen … Sein Blick
stumm auf eine Häuserpracht gerichtet,
gegenüber aus seinem Bade.

Die Hände faltete er
zum Gebet.
Er blickte in den Spiegel,
berührte seine Augen.

Sah sich von Angesicht zu Angesicht.
Einen Engel,
der noch gefesselt war.
Da in seinem Bade, vor dem Spiegel
an diesem Tage da.

Das verschwommene Träumen

Still … an einem Julitag,
saß sie
auf einer grauen Bank.
Hinter ihr der Jüdische Friedhof,
der wie ein Schutzschild
sie umragte.

Gegenüber sah sie etwas
verschwommen,
zwei Fahnenmaste …
Neben dem roten,
neuen Klinkerbau.

5 Friedenstauben flogen
über den blauen Himmel …
Die Fahnen flatterten
leicht im Wind.

Eine Europafahne …
Eine Deutschlandfahne …
Und nicht das himmlische Kind.

Da saß sie still
auf dieser grauen Bank
und dachte nach.

Als sich öffnete knarrend die Tür
des Jüdischen Friedhofs,
den ein Mann betrat.

Von weitem ein Hauch
von Fliederduft,
der sie belebte …
Vom Fliederbusche
der neben einer halbhohen,
grauen Mauer stand.

Sie ging nach Haus,
dachte noch etwas
verschwommen nach.
Über die Fahnen, die da flatterten,
neben dem roten,
neuen Klinkerbau.

Staub zu Asche

Staub zu Asche …
Asche zu Staub.
Was für ein altes,
finsteres Gebaren …

Wieder neue, alte, Lieder.
So grausam ohne Melodie.
Darüber dachte ich nach.
Als ich den blauen
Vorfrühlingshimmel sah.

An den Bahngleisen
wie einst, neben der
Güterabfertigung da.

Als Sonnenstrahlen
erwärmten mein Gesicht.
Da wollte ich die alten neuen so
grausamen Lieder hören nicht.

In den Bunker

Ich gehe in den Bunker …
In den Bunker gehe ich …
Vom obersten Stock, meines
Liebsten, die Treppe hinunter.

Da habe ich kein Lämpelein,
doch ein Kerzelein …
Eine Streichholzschachtel hab
ich auch.
Da zünde ich mir
ein Lichtlein an …

Auch habe ich der Stifte 3
und ein paar Blatt Papier.
Die gönne ich mir.
Ich schreibe auf weißem,
kargen Blatte ein Gedicht.

Bis mein Liebster mich ruft,
durch das ganze Haus.
Zum Abendschmaus.
Dann gehe ich aus dem Bunker
zu meinem Liebsten …
die Treppe wieder hinauf …

Der fremde Geist

Stumm … im Asyl,
dass ich einst nicht so wählte.
Mein Geist redet gar
eine sonderbare Sprache nun.

Zuweilen ohne Unterlass.
Jedoch war es nicht
die meine.

Es war die, eures
verunreinigten Geistes.
Fast hätte es mich
dahingerafft …
Als ich immer wieder
eure Sprache des Geistes sprach.

Das Standbild

Ein Blick … ein starrer Blick …
Zu starr in die Ferne gerichtet …
Aus seinem weit
geöffneten Fenster …

Er war bewegungslos und
doch bewegend noch …
Als er dort
am Fenster stand …

Es ähnelte einem Bild,
von einem Mann wie aus einem
Standbild fast.
Wie aus einem
unglücklichen, schönen Film.

Dessen Ausschnitt er
nicht verstand …
Vom zarten Kiefernadelduft,
der da kam durch
sein Fenster herein.
Betete er, er könne sie
nur einmal berühren noch.
Und er wünschte sich so sehr,
sie möge ihm verzeihen …

Das Hirschgeweih

Das hämmernde Warum … und Wozu
in meinem Kopf … immer wieder.
Als ich ein Hirschgeweih, über
einer schwarzen Schiefertafel sah.

In einer bekannten Bar …
fast am Ende der Straße …
Das Angebot war groß in
dieser Zentrale, obwohl ich
keine Agentin war.

Auf dem Schilde
unter dem Hirschgeweih
gab es allerlei …

Mich beflügelte dabei, neu
der Lebensgeist …
Ohne wirklich groß aus diesem
Angebot zu wählen.
Ich blieb bei roter Traubensaat
und einem Wässerlein.
Und fühlte mich
mehr als einsam und allein …

Red Wine

Red Wine, Gouloises Red und ich.
Und die BZGA hilft immer …
Dachte ich, jedoch sehr vage.

Als ich gegenüber
eine Frau erblickte,
die auf einem roten
Hocker saß …
Dort in der Bar …

Sie inhalierte gleichmäßig,
genüsslich ein Kraut vom
„Schwarzen Afghanen“
und sah dabei
so glücklich aus.

In Balance war sie,
als ich wenig später
neben ihr saß …
Ich vergaß mein
vages Denken über die
BZGA …

Cheers!

Rock'n Roll ....
Sex and Drugs ...
In dieser Reihenfolge so
an die Welt gesendet,
konnte ich nicht annehmen.

Es blieb ein bitterer,
doch schöner Nachgeschmack
aus alter Zeit.

Ein so fades Gefühl
beschlich mich fast dabei.
Im destruktiven Raum.
Sich zu oft selbst vergessend ...

Die falsche Verherrlichung
an manchen Tagen, viel zu viel.
Wir zahlten ...
Mitunter einen zu hohen Preis ...
Wegen falscher Lebensgier und mir ward so kalt.

Der Tanz ... wie ein Derwisch

Ich saß an einem schönen,
nostalgischen Tisch aus Glas,
In meiner besagten Lieblingsbar.

Meine Zigarette verglimmte,
in einem silberfarbenen
Aschenbecher, als ich dich
dort sah …

Doch wollte ich nicht
tanzen … nicht tanzen mit dir.
Trotz Damenwahl …
Ich wollte nicht tanzen
wie ein Derwisch an
diesem Abend … mit Dir –
in dieser besagten Bar.

Das Glas aller Gläser

Nach dem ersten Glase,
nahte der Aufbruch zu dir.
Sicherlich würdest du
schon warten.

Nach dem zweiten Glase
der weißen Traubensaat,
wollte ich zu dir gehen.

Nach dem dritten, allerdings
mit einem Wässerlein.
Sah ich, wie du immer
warst …

Nach dem vierten Glase,
blieb ich dann doch
zu Haus.
Doch sendete ich Dir
wohlwollend einen Segen
und einen Gruß … nach Haus …

Über die Wolken der Nacht …
Mon Amour …
Mein Liebster … träume süß.
„Gute Nacht“

Ich lebe

An einem Sonnenmorgen
im April … war der Himmel
so anmutig.
So majestätisch schön.

Sie verließ den Irrweg,
auf dem sie viel zu lange
schon ging.

Sie wollte wieder leben.
Weitab von dieser grauen
Stadt.
Und sie lebte und lebt …
zuweilen

Noch wie ein gefesselter
Engel, hier im irdischen
Licht … So viel Anmut
und gar lieblicher Glanz,
in ihrem Herzen und ihrem Gesicht.
Als sie dort stand
an grauer Häuserwand.
Zu betrachten die Werke des
„Teufels“.

Das Koriandersüppchen

Ich kochte ein Süppchen,
mit Koriander so fein.
Ich betrachtete dabei ab und an …
Den Lavendeltopf
auf dem Fensterbrette, da
neben dem Küchenschrein.

Dabei dachte ich an Episoden,
meines Daseins, auch in größter Not.
Die Häuserwand gegenüber,
spendete nur selten Licht.

Wenig später aß ich
mein Süppchen mit Koriander …
Allein, schlürfend – fast elegant.

Bis ich hab erkannt,
Dass ich froh war, dass ich
nicht als Kreatur mit Maske getarnt,
durch die Welt stolpern musste.

Der Abend brach herein.
Da stellte ich eine Kerze,
auf dem Fensterschrein …

Betend schlief ich dann auch.
Nachdem ich hatte genüsslich verzehrt,
mein Koriandersüppchen…
so fein.
Neben meinem schönen Küchenschrein.

Die Havelmelodie

Die Kirchturmuhr schlägt
Ding … Dong, um die
sechste Stunde im Takt.

Das zarte Glockenspiel
Ganz ungefragt … von
der Brücke an der
Havelpracht, stimmte
lieblich, klingend mit
ein.

Mit dem Glockenschlag der
Kirchturmuhr… Ding Dong
in herrlicher Melodei.
Auf seine Weise …
Auf Winterabendreise …

Sommermorgentau

Sommermorgentau noch auf
grünem Grase.
Die Luft so klar und
rein.

Ich bejahe den Tag mit einem
zaghaften Lächeln.
Ein stilles Dankgebet
ohne Worte, beim Anblick
dieser Sommermorgenzier
als der Tag brach herein.

Schöner konnte dieser
Morgen fast nicht
sein.

Der dicke Sichelmond

Um die elfte Stunde,
ging ich meine Abendrunde.
Da sah ich hinter dem Kiefergeäst,
am Abendhimmel --
der sich hatte geneigt zur Nacht.

Einen leuchtenden Sichelmond ...
so klar am Firmament
Wie ein Leuchtfeuer gar ...
beim Einbruch der Nacht.
Ich war so betört von
dieser Himmelspracht.

Ich ging schneller.
Noch klarer wollte ich
ihn sehn. Er war
fast zum Greifen nah.
So stand ich dort, bis
er verblasste
bis zum Anbruch des Tages.

Wintermelodie

Das Schilfe dort …
am klaren, reinen Fluss.
Umgeben von zarter Blütenpracht.

Die Luft ist so rein und
klar … schneebedeckte Wege.
Ein Sehnen, ein Seufzen
dort unten am Fluss.

Doch öffnet der Frühling,
bald schon seine Pforten.
Die Seerosen werden
bald schon erwachen,
aus ihrem Winterschlaf. –
Da auf der Havelpracht.

Blauer Prinz

Ich sehnte mich nach
Dir …
Ich schrieb dir ein
Gedicht …
Es verhallte gar im
eisigen Nachtwind, in
tiefblauer Winternacht …
Als ich hab an
dich gedacht …

Aussteiger …

Die Aussteiger …
dieser Welt sind zuweilen
auch Einsteiger in das
wahre, echte Leben …
Liebesbejahend zur Liebe …
sich bekennend,
die über alles siegt.

Ein Spiel?

Ein kleines Spiel der
Dummheit, ist auch
manchmal eine Symbiose
der List … ohne Einfältigkeit …
und ohne eines
vorhandenen IQ's …

Vom Geben ...

Geben, ohne zu nehmen,
ist zuweilen ein Geschenk,
Zwischen der Kluft des
Bleibens und des Loslassens …
Den neuen Weg jedoch beschreitend …

Blaue Fontänen

Blaue Fontänen im Tal
der Finsternis … in
Sphären des Auf und Ab's.
Verwandelnd zum wahren,
reinen Ich … zur
Balance … zum inneren
Gleichgewicht.

Im Bersten

Im Bersten dieser
Welt, vielleicht eine
neue Welt bauend.
Die goldenen Ruinen
der Vergangenheit zu viel …

Die Plagegeister

Als Plagegeister betraten
meinen gereinigten Raum.
Gesellten sie sich zu
Licht, das sie vorerst
nicht kannten …
Ohne Selbst … mühsam
zum Selbst und zurück.

Mein Kindelein

Mein Kindelein, ach mein
Kindelein.
Als du von mir gingst,
war ich nicht allein.

Nur einsam fühlte ich mich
zu mancher Stund.
Doch Gotteshand allein leitet
mein Handeln und Tun.

Liebesschwüre

Gehauchte Liebesschwüre
säuselnd, so lieblich vom
Meereswind getragen.
Diese Liebe … ach.
Erkoren, vermählt
aus tiefstem
Liebesseelengrund.

Die Engelsschar

Die Uhr tickte im Takt.
Der Geruch von Lavendel,
im Raume lag.
Eine Lichterkugel erhellte
den Raum.
Ich sah in die Ferne
im stillen Raum.
In Stille rätselnd,
erfühlend, erahnend.
Ein Festakt der Liebe
sich da erhob zum
Nikolaustag.
Ich fühlte dich, doch
konnte ich dich nicht
umarmen.

Das Selbst

Das Selbst, es schlummert
auf dem Seelengrund.
Selbstsein, trotz aller
Widerstände … eine Kunst.
Eine wahre Perle sich
da erhob aus dem
Seelengrund.
Funkelnd wie ein
schöner Diamant.
Durch die Liebe …
Und der Liebe wegen.

Bist du es?

Bist du es
„Romeo und Julia“?
Oder du aus der „Forelle“
nicht nach „Müllerin Art“?
Oder sind es nur die
bösen Geister des „Teufels“ …
doch nicht personifiziert?
Bist du es „Faust“ aus
Goethe?
Der durch die Ätherleibe
zieht?
Bist du es liebes Mütterlein?
Oder du, Vater, der nie ein
Vater war.
Erzeuger nur … vergessen der
Kinderschar?
Bist du es Selbstmitleid?
Die Selbstliebe …
zu wohldosiert …
Barmherzigkeit – nur – für
sich selbst.

Ich wache

Ich wache …
Ja ich wache in
dieser Nacht.
Der Staub sich nun hat
gelegt … nach langem
Tag.
Ein Rauschen hier …
Ein Rauschen da.
Im Flirren der Nacht.
Ich hoffte …
über die, die
man längst schon hat
vergessen …
Über dich und mich.
In dieser Welt.

So ...

So ist das Loslassen,
auch eine Art der
Vergebung ...

Mehr noch als Zauberei.
Zu dieser Zeit.

Madonnenbild

Mein Blick gerichtet
auf ein Madonnenbild.
Stille …
Lärm, Musik.
Pochendes Herz …
Weit geöffnetes Fenster.
Eine Vogelschar zwitschert
da, in schöner Pracht.
Ob der Frühling schon
naht?
Die Gaslaternen noch brennen.
Neben kahlen Bäumen.
Träume, Stille … Frieden in
mir … nach dunkler, kalter
Nacht.

Manchmal

Manchmal ist mir so,
als wenn mir mein
Herze zerspringt.
Zu mancher Zeit.
Tränen sich dann
vermischen mit blauer
Tinte und Schrift.
Doch du Gott …
Du bist mit mir ...
Ich hoffe auf dich.

Das Desaster

Die Wunden des
Himmels neigen
sich zur Erde.
Ohne Gott … ein
fast verfehltes Leben.
Ein Desaster …
Dramen um Dramen.
Gebündelt die
Spreu vom Weizen.

Das Spiel

Das Spiel, ein Spiel der Spieler.
Überspielenden …
immer wieder.
„Game Over".

Liebe ...

Was ist Liebe?
Mehr als ein Gefühl auf schwankenden Dielen?
Was ist diese Liebe, wenn du davon gar nichts weißt …

Das Spinnenwebennetz

Ein Spinnenwebennetz, da im Geäst.
Funkelt im Sonnenlicht…
Gerade ein dunkler Gedanke schoss mir empor,
den du einst hast mir gebracht.
Es war kein Liebesgedanke, nein.
Es war mehr als Schande, Lüge, Schmerz und Schmach.

Der Reisende

Er ist ein Reisender zwischen Raum und Zeit.
Ein Verweilen dort – ein Verweilen hier.
Von Ort zu Ort.
Im Herzen jedoch träumte er von einem Zuhause,
wo es sich zu leben lohnt.

Das größte Geschenk

Zwischen Felsenklippen und dem Meer, stand sie dort
weit oben über der Bucht.
Eine frische Meeresbrise umwehte ihr Haar,
blies ihr ins Gesicht.
Tobende See dort unten und ihr wurde klar.
Dass das Leben, das ihr wurde geschenkt,
das größte aller Geschenke war.

Die Prinzessin im roten Kleide

Eine wunderschöne Prinzessin in rotem Kleide.
Edel, schick und elegant.
Nicht mehr jung an Jahren.
Und doch nicht alt.
Die einst wurde von einem Prinzen gerufen,
schon vor langer Zeit.
Von dem sie nur kannte, seine Poesie.
So tief, so schön von Jugend an, hörte sie seine Klänge.
Lange wartete er schon auf sie.
Im Sande vor dem Ozean, mal tobend, mal leise.
Verbarg er sein Haupt in den Händen.
Vor Sehnsucht, Hoffen und Unmacht war er schon ganz krank.
Doch dann sah er, wie die Prinzessin im roten Kleide geleitet
wurde an Land.
Von der Engelsschar durch Gottes Hand.
Er lief entgegen.
Nahm zärtlich Ihre Hand.
Ihre Blicke beruhigten sich so sanft…
Wie unsichtbares Feuertaumeln.
Zarte Küsse lagen wie Liebesknistern in
der Luft und er gab ihr einen
Ja und noch einen Kuss.

Liebesschwüre

Gehauchte Liebesschwüre säuseln lieblich
vom Meereswind getragen, diese Liebe ach …
Vermählt aus tiefstem Liebesseelengrund,
schon vor Tagen.

Lebe

Lebe jetzt…
lebe du.
Als wäre es dein letzter Tag.
Auf das du lange lebest und wirklich lebst.

Heut...

Heut nur?
Heut trink ich ein Glas auf die,
die es mir machten in diesen Zeiten
mit der Nächstenliebe gar schwer.
Meiner eigenen Seele wegen nur,
erhebe ich nun mein Glas und trinke auf sie…
Erretten kann ich sie wohl nicht.

Nachwort

So oft schon geboren …
Ich verstehe meinen Weg.
Doch ist es manchmal
so an trüben, dunklen
Tagen … als stände mir
mein Herze still.